JN440717

당신의 언어

이 도서의 국립중앙도서관 출판예정도서목록(CIP)은 서지정보유통지원시스템
홈페이지(http://seoji.nl.go.kr)와 국가자료공동목록시스템(http://www.nl.go.kr/kolisnet)에서
이용하실 수 있습니다. (CIP제어번호 : CIP2019038599)

당신의
언어

초판 1쇄 발행 2019년 10월 9일

지은이 오경화

펴낸이 임병천
펴낸곳 책나무출판사
출판신고 2004년 4월 22일 (제318-00034)

주소 서울시 영등포구 신길3동 325-70 3F
전화 02-338-1228 **팩스** 0505-866-8254
홈페이지 www.booktree.info

ISBN 978-89-6339-637-8 03810

책나무
시인선
218

당신의 언어

오경화
시집

책나무출판사

차례

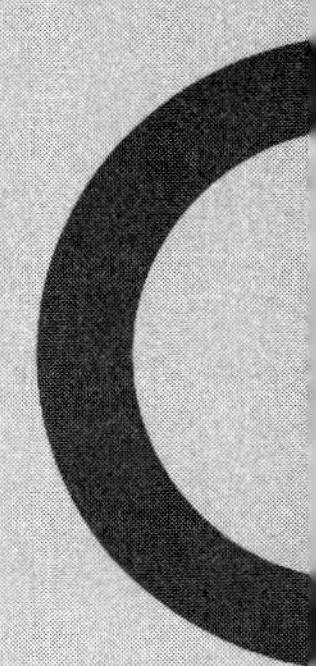

막간

바쁜 일과에 하늘 한 번
바라보는 순간
고통의 시간들 뒤에 찾아오는
안도의 순간
막간이라는 것은 그런 것
잠시 숨 한 번 돌릴 수 있는
한 움큼의 쉼
긴긴 삶의 여정에 신이 내린
달콤한 솜사탕인지도 몰라

절제한다는 것

작곡가의 음표와 음표 사이의 침묵
화가의 붓과 붓 사이의 생략
발레리나의 움푹 파인 어깨선
사랑하는 사람에게의 작은 고백

절제한다는 것
많은 음표가 생략된 색깔
동작에서 동작으로의 생략된 춤
사랑과 사랑 사이의 생략된 눈물

시인은 아름답다

시인은 아름답다
인기가 있건 없건
외모가 멋이 있건 없건
재산이 있건 없건

시인은 아름답다
사람들의 영혼을 흔들어
깨우는 빛, 그것 하나만으로

때로는 떠나고 싶다

때로는 떠나고 싶다
나의 일상에서 벗어나
일상의 소중함을 가슴 시리도록
느껴보고 싶다

때로는 방황하고 싶다
바쁜 일과에 쫓겨 미루게 되는
나 자신에 대한 생각 하고 싶다

때로는 고민하고 싶다
그저 그렇게 살아가는 자신에게
끊임없이 깨어있기를 기도하고 싶다

그리고 추스르고 싶다
긴긴 방황을 끝내고 일상으로 돌아와

삶은 아름다운 거라고 말하고 싶다

하루는 저물어 가고

하루는 저물어 가고
또 다음날은 밝아온다

우리가 행복하게 보냈는지
슬프게 보냈는지
절대로 봐주는 법이 없다

여지없이
하루는 저물어 가고
또 다음날은 밝아 온다

마치 수레바퀴처럼…

그림 속에

그림이 있고

소설 속에

소설이 있고

삶 속에

너, 나, 우리의 삶이 있다

너, 나, 우리의 삶이 어우러져

마치 수레바퀴처럼 굴러만 간다

오래도록

음악을 듣다가 가슴속을 파고드는
음악이 있으면 음악을 끈다
오래도록 아껴 듣고 싶기 때문이다

좋은 책을 읽다가 머릿속이 아찔하도록
감동을 주는 글이 있으면 책을 덮는다
오래도록 아껴 읽고 싶기 때문이다

사람도 마찬가지다
오래도록 얘기를 나눠도 시간 가는 줄
모르는 사람이 있다
그럼 자주 안 만난다
그럴 때는 아껴 만난다

내 주위에는 그런 사람이 많이 있다

도덕경에 '책을 자손에게 물려주면 읽지 않고
재산을 자손에게 물려주면 다 써버리니
덕을 물려주라'는 글귀가 있다

오래도록 많은 사람을 아껴 만나고 싶다

표 내지 않고

퇴근길
집으로 향하는 길은
기쁘기만 하다
하루의 피로가 밀려오면서
많은 생각에 잠긴다

거리에 많은 사람들
다들 어디로들 가는 것일까
어떤 이는 목적지를 향해
어떤 이는 방향을 잃고 배회하겠지

우리의 삶이 짜여진 계획표가
아닌 바에야 어떻게 목적지만을 향해
갈 수 있을까

가끔은 배회도 필요하겠지
하지만
표 내지 않고 아파해야 하겠지
표 내지 않고 추슬러야 하겠지

세월이 흐르면 삶의 한 소절로
남을 이야기일 뿐이니까

그렇다
집으로 향하는 길은
기쁘기만 하다

상상 속의 일부분

길을 걸을 때면 지나가는 사람들을 관찰하게
된다

'저 사람은 왜 얼굴을 찌푸리고 있을까
저 사람은 왜 상의와 하의를 저 색으로 맞추어
입었을까
저 아가씨는 키도 큰데 왜 높은 굽의 구두를
신었을까' 등등

하지만
내 모습 또한 지나가는 사람들에게는
머릿속에서 끝없이 펼쳐지는 '상상 속의 일부분'
이겠지

시를 쓴다는 것

시를 쓴다는 것은
마음을 가지런하게
다듬는 일이다
다듬잇돌에서 청아한 소리가
흘러나오듯 마음을
비우는 일이다

그래서 내가 보이고
네가 보이고
사람이 아름다움으로
사랑하게 되는 일이다

손톱에 반하다

손톱 손질 한 번 하지 않고
매니큐어 한 번 바르지 않은
나의 손톱에 반하다

갓 태어난 아기 손톱보다는
약간 어른스러운
분홍빛이 살아있는
나의 손톱에 반하다

손톱을 자를 때
초승달만큼 남겨놓고 자르면
타원형 손톱이 되는
나의 손톱에 반하다

행복

며칠 전, 예쁜 접시
하나를 샀다
예쁜 접시에 밥 조금, 반찬 몇 가지를 놓고
밥을 먹는다

몇 가지 되지 않는 음식을
조금 떠서 꼭꼭 씹어 먹으면
차오르는 포만감

행복은 그런 거였다
자신이 가진 것을
음미하고 감사하면
포만감이 오듯 그렇게 오는 것

어느 오후의 한가로움

작열하는 태양이 한풀 꺾여
시원한 바람이 살갗을 스치고
아이들이 뛰노는 소리
내게 찾아오는 마음의 고요

이 평온은 고락 뒤에
신이 주신 선물일까
아니
삶이 파도와 같은 것이어서
고뇌가 다시 밀려온다 해도
이 순간의 한가로움을
잊지 못하리

봄의 시

봄이 오나 보다
쑥국을 끓여 밥을 먹었다
그리하면 봄의 시가
되어 오려나

머릿속이 하얘지고
눈물이 흐르는 건
슬퍼서가 아니다

봄이 오는데
너는 오지 않고
봄의 시도 써지지 않아서지

고독

고독이 절망의 시간들
이었을 때
많은 사람들이 내게서
떠나갔다

고독이 풍요로움이라는
걸 알게 될 즈음
많은 사람들이 내게 왔다

그 무렵 너도
내게 왔다

에스키모인이 시를 쓴다면

우리는 시를 쓸 때 계절을 비유하여
추운 겨울이 가고 나면 따뜻한 봄이 온다고
해피 엔딩을 예고한다

만약에 에스키모인이 시를 쓴다면
인생은 내내 모진 겨울이라고 할까?
아니면 인생을 계절에는 비유하지 않을까?

봄 탓

언제였을까
너를 본 지가 까마득한데
내 가슴은 여전히
너로 인해 설레고 있다

봄 탓이라고 하련다
이 봄이 다해가면
그 무엇 탓이라 해야 할까

가르마

할머니의 낭자하신 머리를
보고 자랐다
할머니께서 정성껏 머리를
빗는 모습을 보는 건 일상이기도
기쁨이기도 했다
동백기름을 발라 참빗으로
머리를 빗어 올려 쪽을 찌노라면
이마 위로 난 가르마가
단아했다

봄의 풍광

버스를 타면
차창으로 풍경들이
빠르게 지나간다

내 삶도 한순간에
여러 일들이 빠르게
지나간 적이 있었다

어느 봄날
버스를 탔다
차창으로 내다보이는
봄날의 풍광은 아름다웠다

나에게 봄날의 풍광을
선물해 준 사람

삶의 진가를 가르쳐 준 사람

바로 너다

여름날의 찬란함

너는 내게 가르쳐 주었지

여름날의 태양은
무더위가 아니고
가을의 결실을 위해
타오르는 거라고

너는 내게 가르쳐 주었지
반복되는 일상은
그저 그런 날이 아니고
꿈꾸기 위해
있는 거라고

너로 인해 알았지
여름날이 얼마나 찬란한지를

Sad movie

어젯밤 울적한 일이 있어 울었다
내가 간밤에 울었다고 해서
다음 날 아침, 세상이 멈추는 건 아니다
세상은 나와 상관없이 잘도 돌아간다

sad movie라도 보러 갈까
엉엉 울어버리고 sad movie
때문이라고 말할까

만약 내가 한 달밖에 못 산다면

만약 내가 한 달밖에 못 산다면
일주일은 '왜 하필이면 나에게 이런 일이…'
하고 실의에 빠져 있겠지

이 주째에는 겨우 몸을 추스르고 일어나
낮에는 사람들이 활보하는 번화가로 나가,
바쁘기만 한 그들에 휩쓸려 힘차게 걸으리라

그리고 밤이 되면, 내가 아는 모든 이들에게
날을 새워가며 펜으로 정성껏 편지를 써서
부치리라
그러면 며칠 후 난 날마다 우체통 앞에서
편지를 기다리리라

주고받은 편지를 모아 책으로 엮은 후,

숨이 멎는 순간까지 사랑이 담긴 책을

읽고 또 읽으리라

가을 햇살

시 한 편 써보려
가을 산에 올랐지
여름내 이글거리던 태양은
어느덧 온화한 온기를 담고 있네
사람들에게 평등한 가을 햇살,
모든 풍파 이겨내라는 교훈을 주네
사랑하며 살아가라는 가르침을 주네

의무

산다는 건 의무이다
다음 세대로
연결 지어 주어야 할…

꽃이 피고 지는 건 의무이다
다음 계절로
연결 지어 주어야 할…

사랑하는 건 의무이다
나의 영혼과 너의 영혼이
하나 되어야 할…

연결

아름답지 않은 삶은 없다
굴곡진 삶에 누구나
한 번쯤 빛나던 때가
있었으리라

아름답지 않은 사랑은 없다
그들이 무미건조한 사랑을
한다 하여도 그들은 그 무미건조함을
즐기고 있으리라

아름답지 않은 시간은 없다
반복되는 시간 속에 하루가
한 달이 되고 평생이 되고
사람과 사람이, 시간과 시간이
연결되어 복됨으로

얽혀 있으리라

딸에게, 아들에게

혹독한 눈보라를
견디어 주어 고맙다
너희들이 눈보라를 헤치고
나오는 동안 엄마는 지켜볼 수밖에
없었다
도울 힘이 없었기 때문이다
그런데 그것이 너희를
더욱 강하게 만들었구나
신이 너희를 강하게 단련시킨
이유가 있을 게다

이 말을 나의 엄마도
나에게 했을 것 같구나

봄 햇살

봄 햇살 가득한 풍경은
연초록으로 부서진다
새순 돋는 나무들도
산 그림자 안은 시냇물도
새싹들도

봄 햇살은 미소
흠뻑 머금고 봄 살림에
한시가 바쁘다

꽃샘추위

꽃들아! 얼마나 춥니
그렇다고 피우던 꽃을 안 피울 수도 없고
오고 가는 계절을 막을 수도 없는 일

추위야! 내 말 좀 들어봐
넌 겨우내 힘자랑을 했잖니
봄, 여름, 가을을 살지게 보내다가
사랑에 설레는 연인들이
첫눈 기다리는 날 소복소복 내려다오

능선

앞산 뒷산 어우러져
가깝게도 멀게도 보이는
산들이 이루는 능선

굽이굽이 마치
우리네 삶을 풍광으로
펼쳐놓은 것만 같아
정감이 흐르네

세월

예의범절을 말하며
호령하시던 할머니의 목소리가
쇠잔해질 때

기세등등하던 시어머니의 뒷모습이
작아 보일 때

아이들이 다니던 초등학교에
그 시절 꼬맹이만큼의 아이들이
뛰놀고 있을 때

세월은 우리를 변화시키기도
성숙시키기도 한다는 것을 알게 되지

그리고 또 세월은 흘러간다

낙엽빛

나는 가을이면
밤색 옷을 즐겨 입는다
참 멋있는 색이고
가을과 잘 어울린다

그런데 이름이 마음에
들지 않는다
밤색이라니
'낙엽빛'이라 했으면
더 가을과 어울리지 않을까

조율

나는 신의 대본대로
살아온 걸까
내가 되어 살아온 걸까

내 뜻대로 되어 주지만은
않은 걸 보면 신의 대본이
있는 것 같다

하지만 나의 의지가 없었다면
아무것도 되지 않았으니
신과 나의 조율일 거다

가을날

어느 가을날,
물들어 가는 나무 아래에서
지그시 눈을 감고 있노라면
가을바람은 살갗을 간질이고
사람들의 대화는 한 곡의 선율이
되어 흐른다

나는 가을의 일부가 된다

승화

누구에게나 자기 몫의 고통이란 게 있다
단지
누군가는 못 견딜 듯이 힘들어하고
누군가는 표 내지 않고 살아갈 뿐이다

누구에게나 자기 몫의 고통이란 게 있다
단지
누군가는 생활 속에서 적나라하게 드러내고
누군가는 예술로 혹은 일로 승화시킬 뿐이다

햇볕 내음

무명베를 빨아서
햇볕에 말린다
또다시 풀을 먹이고
다듬이질을 하면
빳빳한 무명베가 된다
코끝에 대어보면
고실고실한 햇볕 내음이 난다

밤하늘

밤하늘을 안주 삼아
커피 한 잔을 마셨다
기분 좋게 술 취한 사람의
심정이 이런 것일까

별빛에 취해볼까
달빛에 취해볼까
아니
밤의 정적에 취해 버렸네

흔히 9월은

흔히 9월은 가을로 들어서는 달,
사색하기 좋은 달이다 라고 한다

난 9월을 사랑이 무르익어
가는 달이다 라고 이름 짓는다
뜨거운 태양 받아 그리움조차
토로하는 여름이 지나고
높고 푸른 하늘 아래 벼 이삭이
고개 숙이며 익어가면
사랑도 따라서 무르익어 가니까

가을 화폭

음악 한 곡 가져다가
가을 화폭에 담고파

그리고
다시 그리고

지우고
다시 그리고

음악은 그림이 되고
그림은 음악이 되고

가을아! 미안해

이 가을이 너무 바빴다
하늘이 높푸른 건지
단풍이 물든 건지

가을은 무르익어 가고
나는 나대로 바쁘다

가을아!
미안해

화폭

바람의 말을
화폭에 담을 수 있다면
새들의 지저귐을
화폭에 담을 수 있다면
너의 마음을
화폭에 담을 수 있다면

담을 수 없어
안타깝고 안타까워서
아름다워라

심지

변함없는 것
반복 속에서도
늘 새로운 것을 발견하는 것
고통에 지치지 않고
기쁨에 들뜨지 않는 것
심지를 갖는다는 건
삶에서도 사랑에서도
그러하다는 것

삶의 섭리

오늘 삶이 우리를 힘들게 하여
죽을 것만 같지만

상황이라는 녀석은
시간이라는 녀석은

우리를 해결점으로
이끌어 준다

이게 바로
'삶의 섭리' 아닐까

삶의 소산

지난날들이 번뇌의 연속이었다면
바로 지금은 관조하는 시간이다

이는 세월이 가져다준 것도
나의 노력으로 이루어진 것도 아니다

그때마다의 절박한 고통과 시간과
이름 모를 이들의 도움이
엮어져서 만들어진 삶의 소산이다

완벽하게 자기다운

그 무엇이 되기 위함이 아닌
완벽하게 자기다운

보이기 위함이 아닌
완벽하게 자기다운

순간순간

그것은
신념으로 철저하게
무장할 때 가능하겠지

실타래

삶은
엉켜진 실타래를 풀 듯
하나하나 매듭을 풀며
그렇게 살아가는 것

그렇다고 해서
수학 공식처럼 정답이
있는 것도 아니다

삶은
수채화를 그리듯
지우고 다시 그리며
그렇게 살아가는 것

성장

경험하지 않고서도
약자를 이해하는 것
덕을 쌓는 것이 돈을 저축하는 것만큼
중요하다는 것을 아는 것
자신이 선택한 길을 사랑하고
가지 못한 길을 후회하지 않는 것
매일매일 배우는 것
완벽하려고 하지 않는 것

가을 채비

가을을 위한 움직임이
시작되었다
그래, 나도 가을 채비를
해야겠다

옷장도 정리하고
집 안도 치우고
마음에 풍성한 가을 들녘
들여놔야겠다

미소

온갖 고생 끝에 신이
내게 주신 선물
'미소'

일찍부터 눈물을 먼저
배워버린 내게
많은 눈물을 쏟아내고 나서야
평안한 미소를 지을 수
있다는 것을 알려주셨네

공들이다

하루가 삶의 축소판
이라고들 한다

미로와 같은 길에서 선택을 하고
수수께끼 같은 결정을 하며
하루를 보낸다

나에게 공을 들이며
너에게 공을 들이며
우리에게 공을 들이며
살아있는 모든 것들에 공을 들이며

탐색

나는 봄을 탐색한다
너를 탐색한다
어느 날은 화창한 봄날의
개나리 웃음이었다가 어느 날은
찬 바람 쌩쌩 부는 겨울날의 낡은
코트가 되는 너를 탐색한다

그렇게 떨어져 나간 달력이 쌓이고
너와의 사랑도 쌓이고
나는 여전히 너를 탐색한다
이제 보니 너는 봄이다

반영

지하철을 탔다
사람들의 풍경이 다양하다
문득 시선이
지하철 차창에 머물렀다
차창에 반영된 그들의 풍경
아름답지 않아도 좋았다
소소해서 좋았다
세월이 어느 날엔가
가르쳐 주었다
세련되지 않아도 있는 그대로도
아름다운 것들이 있다는 것을

봄꽃

고매하지 않아도
눈부시지 않아도
좋다
기나긴 겨울
찬바람 이기고 피어난 것만으로
아름답다 봄꽃

6월의 태양

태양은 여전히 빛나고
녹음은 푸르르기 그지없다
아니,
태양이 구름에 가리듯
녹음이 지고 가지가 앙상한 듯
우리의 삶도 어느 날은 빛나기도
어느 날은 구름에 가리기도 하네

유주와의 대화

정말 발레를 잘하는 초등학교 2학년
유주와 대화를 했다

내가 유주에게 질문을 했다
"유주야! 어떻게 그렇게 발레를 잘하니?"
유주 왈
"선생님! 자유롭게 하면 돼요
나비가 자유롭게 여유롭게 날잖아요"
유주는 발레 잘하는 비법을 알고 있었다
난 유주의 답을 삶에 적용해 보았다
'삶을 자유롭게
삶을 여유롭게'

'유주야! 고마워 오늘 선생님은 유주에게
논술을 가르쳐 주고 유주는 선생님에게

삶의 원리를 가르쳐 주네'

사랑을 한다는 것

사랑을 한다는 것
우리의 의무인지도 몰라
용기 있는 자만이
뛰어드는 불꽃
비록 언젠가는 끝이
난다 하더라도 달콤하고 쓰디쓴
눈물방울이 빚어낸
'새로움의 나'는 영원하지

자기다움

푸르름 머금은 하늘
초록 머금은 나무
상처와 삶의 승리 머금은 우리

여름이 되면
푸른 하늘 아래
나무는 진초록이 되고
우리는 더 자기다워질 거야

삶

삶은 모래 위에 이름 쓰기이다
우리는 매 순간 써 내려가고
파도는 매 순간 지우고 간다
이 끊임없는 반복

매 순간의 새로운 시작이
필요할 뿐이다

아름다운 사랑

서두르는 삶이 우리네 삶이 아니듯
쉽게 쓰는 시가 좋은 시가 아니듯
기다림이 없는 사랑 또한
사랑이 아니지

매일 반복되는 일상이
매일 사유하는 시가
기다리고 기다리는 사랑이
반복에 반복을 더하면

삶다운 삶이 되고
시다운 시가 되고
아름다운 사랑이 되지

삶, 네가 무엇이길래

삶, 네가 무엇이길래
나를 힘들게 하였다가
나를 기쁘게 하였다가
그러는 거니

앞으로 살아갈 날이
절반쯤 남았을까
삶, 네가 신명 나도록
살아볼 테다

공존

눈이 내렸다
노란 은행잎 위에도
눈이 내렸다

문득
공존이라는 말이
떠올랐다

과연
나는 공존 속에
얼마나 잘 공존하는가

노력의 힘

삶에 풍랑을 만났을 때
꽤 잘나가는 친구를 만났다
그 친구는 말했다
새벽에 집을 나가서 밤에
집에 돌아왔다고

학교 다닐 때 공부를 잘하는
친구도 아니었는데 그 친구는
한 목표에 매달렸던 것이다
그래서 그 친구에게 배웠다

'노력의 힘'을

파동

기억이 기억을 더듬어
너와의 추억은 꼬리에 꼬리를
물고 되살아난다

마치 물수제비를 뜨면
파동이 이어지듯
내 마음에 여울진다

봄의 향연

쏟아지는 봄 햇살을
활짝 핀 꽃들을
마음껏 만끽하지 않을 거예요

셰익스피어의 '로미오와 줄리엣'에서
사랑에 빠진 로미오에게
신부님이 충고하죠

"꿀의 단맛에 빠지지만
꿀의 단맛에 질리게 된다"고

쏟아지는 봄 햇살을
활짝 핀 꽃들을
마음껏 만끽하지 않을 거예요

당신 그릴 때만

이 봄의 향연에 취할 거예요

사랑

사랑은 너를 향해
질주하다가 순간 멈추고 마는
수줍음

사랑은 머뭇거리다가
또다시 너를 향해 질주하는
혼신

겨울나무

마지막 소명을 다한
옷 벗은 겨울나무는
외롭지 않다
한 철을 쉬기도 하고
새봄을 준비하기도 한다
쉼 없는 작업을 반복하며
나이테는 늘어나고
겨울나무는 그렇게
듬직한 나무가 된다

삶은 파도타기

요즘 너무 행복했다
그래 삶은 파도타기라 했지
슬픔이란 녀석이 밀려올 때가
되었는데

'오라 슬픔이여!
충분히 아파하고 강인해지마'

특별함

평범한 하루
평범하게 기상을 하고
평범하게 출근을 하고
평범하게 일을 한다

하지만
너 하나 있어
이 모든 평범한 것들은
특별함이 된다

당신의 언어

저를 바라보는 당신의 눈빛은
매서운 듯 부드럽고
예리한 듯 상냥해요

저에게 건네는 당신의 언어는
논리적인 듯 감상적이고
딱딱한 듯 유머스러워요

너무 예리해 물러서면
너무 상냥해 다시 다가서게 되는
당신을 사랑해요

고향

바쁜 일상에 지쳤거든
고향으로 달려가자
나의 내면 아이가
마음껏 뛰놀 수 있는 곳

편안함이 살아있는 그곳에서
어릴 적 추억으로 되돌아가 보자
맛난 밥에 달콤한 잠
한숨 자고 나면

몸과 마음은 회복이 되고
다시 씩씩한 용사가 되어 돌아온다

불행과 행복

우울한 날
거리를 거닐자면
나만 우울하다
거리에 사람들은
모두가 웃고 다닌다

기분 좋은 날
거리를 거닐자면
세상이 다 밝게 보인다
거리에 사람들도
모두가 예뻐 보인다

계절이 오고 가듯
불행과 행복은 그렇게 온다
우리 인생의 절반 이상을 차지한

불행이지만 극복하고 나면
우리는 성숙해 있다
더 큰 어른이 되어 있다

불행을 큰 의미로
받아들일 수 있는
마음의 여유 필요하지 않을까

일몰을 보며

퇴근길, 일몰을 보았다
태양은 마지막 머금은
빛을 발하며 숙연하게
그렇게 저물어 간다

우리의 삶 또한, 언젠가는
흙으로 돌아가야 한다면
숙연하게 겸손하게
하루를 살아야겠지

가을 외출

넉넉한 주말 아침이다
오랜만에 친구를 만나기로 한 날
맨발로 듬성듬성
뛰어다니며 단장을 한다
코리안 타임이라고 하지만
상대보다
빨리 나가는 게
예의지
친구가 반가움까지
덤으로 주는데

대문을 열고 밖으로 나오는
순간, 내리쬐는 가을 햇살

'햇빛이 달다'

권리와 의무

우리는 사람들에게
영향받아야 할 의무와
자기만의 개성을 지켜야 할
권리가 있다

우리는 사람들을
사랑해야 할 의무와
간격을 존중해야 할 권리가 있다

우리는 사람들과
행복해야 할 의무와
참행복이란 무엇인지 배워야 할
권리가 있다